開腦洞！

Reading book

思考訓練題庫

學會換角度思考，

Thinking book

人生更多出口！

笠間リョウ　著

瑞昇文化

前言

大家知道「思想實驗」嗎？所謂「思想實驗」就是設定實際上無法假設的條件，然後在腦海中進行推論的一種有關思考的實驗。

雖然有一個聽起來死板的名字，但「思想實驗」與在學校學習的「實驗」不同，不論時間、地點或語言，「思想實驗」可以當作是一種充滿知性娛樂的遊戲。

我們每天在職場與私生活中都會面對到各式各樣的問題。
在職場上或許有一套大家慣用的解決方法。
但是這個「慣用」的解決方法真的是正確的嗎？
此時我們應該要從1開始，透過理性的思考找尋別的方法。
而且，當找到疑問時，透過不斷質問，也能找到新的回答也說不定。
如同這本書的書名《開腦洞！思考訓練題庫》一樣，這是一本為了讓讀者「思考」的書。

越是動腦筋，人的思考就會越柔軟。無論我們到了幾歲，仍然能獲得新的思考方式。

本書收錄了多采多姿的思想實驗，從被稱為「名作」的思想實驗到原創的題目都有，本書也配合了每個思想實驗的特徵，標示出讀者可以學習到的能力，像是問題解決力、邏輯的思考力、想像力等。

此外，本書也希望促進大家「思考」，所以用Q&A的形式，並會提供作者的解答範例。

但是這些解答僅是「範例」。

期待各位讀者能夠誕生出有別於作者解答範例的全新思考方式。

第1章

難易度★的思想實驗

第2章

難易度★★的思想實驗

第3章

難易度★★★的思想實驗

第1章

難易度★的思想實驗

Q 01

賭徒的煩惱

奇蹟與機率的關係——數學的思考力

有一位賭徒在賭場裡玩輪盤。輪盤是很簡單的賭博，只要選是紅色的還是黑色的就好了。

雖然賭徒長年泡在賭場裡，但有一天發生了他從來沒遇過的事情。竟然連續9次都出現黑色。

賭徒為這個奇蹟感到很興奮。

然後，來到第10次。賭徒這次想賭紅色，因為紅色再不出現就太不自然了。但是如果考慮至今為止所發生的奇蹟，或許最後會出現黑色也說不定，賭徒為此感到煩惱。

黑色與紅色，哪一個出現的機率比較高呢？

◀ 提示在下一頁／解答範例在第 14 頁

Q01 的提示

賭徒所遇到的狀況適用哪種機率理論呢？檢查題目是否有容易混淆視聽的陷阱，應該就能明白賭徒應該要採取的行動。

◀ 解答範例在第 14 頁

Q 02

財政危機的壞棋

增稅的痛苦——邏輯的思考力

有個國家的政府因為財政危機而下令增稅。但是這個增稅政策卻有個巧妙的說法。

增稅的方式為花300天，每天增加0.01%。

政府的要員：「透過極微幅的增稅，能夠將人民生活的負面影響降至最小，透過這個方法，既可以確保政府的財政收入，也能減少人民的煩惱，維持至今為止的社會政策。」

那麼，這個說法的問題在哪裡呢？

◀ 提示在下一頁／解答範例在第 16 頁

Q02的提示

政府的要員主張政府與國民都沒有損失。試著從別的角度探討此增稅政策的問題。

◀ 解答範例在第16頁

Q01的解答範例

無論紅色還是黑色，出現的機率都是2分之1。

9次都出現黑色的機率，是2的九次方，也就是512分之1，這樣想的話，或許的確是很珍貴的現象。

但是每次轉輪盤出現黑色的機率，就是單純的2分之1。即使是第10次，這個機率也不會改變。以機率理論來看，到目前為止所發生的事情，不會影響到別的不同事件。

換言之，黑色連續出現9次，這512分之1的機率與第10次轉輪盤的機率是沒有任何關係的。

Q03 紅心皇后的效應

「不變的東西」是什麼——想像力

在《愛麗絲夢遊仙境》中，紅心皇后說道：

「在這個國家中如果想待在同一個地方，就必須一直往前走才行。」

為了停在定點所以必須一直走，這完全違反了常識。但是若仔細想想，我們生活周遭其實找得到類似的狀況。

試著舉例看看。

◀ 提示在下一頁／解答範例在第 18 頁

Q03 的提示

不要尋求位置或距離的解釋，試著思考別的解釋應該就能找到答案。

◀ 解答範例在第 18 頁

Q02的解答範例

明明即使是微幅增稅也會影響到國民的生活，然而政府卻用「將人民生活的負面影響降至最小」試圖改變印象。

微幅增稅確實不會帶給人民直接的巨大痛苦，但是即使1天份的痛苦減少，到300天後，增稅完成的那一天實際上會增加人民負擔，這是誰都明白的事情。

政府雖然主張「能減少人民的煩惱」，但即使是微小的煩惱，只要持續下去，就會變成確實能切身感受到的痛苦。

這就是用曖昧的說法掩飾曖昧的概念的例子。

Q04 協和式客機的錯誤

「不做」跟「做不到」的不同——問題解決力

人在選擇行動的時候，比起選擇之後會獲得利益的行動，人們更傾向選擇能夠讓至今為止的投資產生報酬的行動。

「協和式客機的錯誤」指的是開發超音速協和式客機的途中所發生的現象。在臨近完成時，從經濟效率的觀點來看，中止開發是比較好的選擇，但人們卻以「不能讓至今為止的投資白費」的理由繼續開發的計畫。

這種現象在動物或昆蟲的行為中也能看到。比起簡單就能獲得的食物，牠們會更強烈執著於辛苦才能獲得的食物，即使明白這樣做是對自己不利的行為，動物們仍會這樣做。

可是，應該是囿於面子或自尊心等人類情感才會產生協和式客機的錯誤，而非本能的行為才對。昆蟲或動物應該沒有執著於不會贏的比賽的動機，那麼為何昆蟲或動物也會犯下協和式客機的錯誤呢？

◀ 提示在下一頁／解答範例在第 20 頁

Q04 的提示

所謂的投資，原本就是預期很有可能會有更大的利益。當投資沒有回報時，為何人們會繼續下去，而昆蟲或動物又為何無法停止呢？

◀ 解答範例在第 20 頁

Q03的解答範例

世界上的許多現象都正如紅心皇后說的一樣。

我們為了維持同一個職業或地位，需要不斷地勞動。為了維持生命，需要不斷地進食、喝水、呼吸。

原本地球上的生態系能保持同一個樣貌，就是自然界整體不斷地運轉的緣故。自然界不斷進行淘汰，使得無法適應的個體滅亡，排除無法適應環境的特定基因。為了不讓突變的個體增加，所以進行源源不斷的排除，也因此生態系才能保持著不變的樣貌。

若沒有名為自然淘汰的紅心皇后效應，生物界應該是瞬息萬變的。

Q 05

選擇哪杯果汁？

喜好的基準——問題解決力

A、B、C三杯橘子汁的品質不同。比起A，X先生更喜歡B，比起B，又更喜歡C。

現在A和C都可供X先生挑選飲用，因此X先生毫不猶豫地選擇了A。單純思考的話，因為X先生比起A更喜歡B，比起B又更喜歡C，如果是A或C選一個的話，應該會選擇C才對。再詢問X先生一次，結果他對每杯果汁的喜好仍然沒有改變。那為何他會選擇A而不是C呢？若聽了X的解釋，就能理解他的道理。X的理由是什麼呢？

◀ 提示在下一頁／解答範例在第 22 頁

Q05 的提示

決定果汁喜好的基準不是只有味道而已。

Q04 的解答範例

昆蟲或動物像「協和式客機的錯誤」一般的行動，與本能的行動沒有互相矛盾之處。

正是因為我們判斷透過投資可以獲得更大的利益，所以我們會花費巨大的努力，不斷付出成本。這點無論人類、動物還是昆蟲都是相同的。

但是當例外的情況出現，當投資帶來虧損時，本來可以就此終止或修正投資就好，但人類卻會因為感性的立場而無法終止投資。

而動物又是如何呢？動物無法終止投資的行為，只是因為牠們沒有做出修正或終止的判斷能力而已，他們無法根據狀況重新推算利益。牠們只能粗略地遵從「像以前一樣投資下去大概就能獲得最大利益」的路徑而已。

◀ 解答範例在第 22 頁

Q 06

幸福是什麼

曖昧價值觀的答案──問題解決力

你是一個小孩的家長。因為孩子的生日快到了，所以你試著問他想要什麼生日禮物。孩子回答：

「生日禮物想要『幸福』。」

要用什麼禮物當「幸福」才好呢？此外，這個題目假定的情境為可以和別人討論。

◀ 提示在下一頁／解答範例在第 24 頁

Q06 的提示

你是應該要和別人討論「幸福是什麼」，還是自己獨自思考「幸福是什麼」呢？無論哪一個似乎都不是最好的選項。

◀ 解答範例在第 24 頁

Q05的解答範例

雖然以味道為基準的話，比起A，X先生比較喜歡B，比起B更喜歡C。但因為比起C，A的容量比較多，所以以容量為基準選擇了A。

我們假定A、B、C三種橘子汁的果汁含量分別是50%、70%和100%。X先生喜歡果汁含量較多的，所以比起A更喜歡B，比起B更喜歡C。

但是，A、B、C的容量分別是300mℓ、200mℓ和100mℓ。A和B差了100mℓ，所以優先考慮味道，但A、C則差了200mℓ，此時優先考量的不是味道，而是容量。

Q 07 時鐘的角度

長針與短針的關係——問題解決力

看時鐘的時候，是2點10分。
此時長針與短針間的角度是幾度？

◀ 提示在下一頁／解答範例在第 26 頁

Q07 的提示

確認長針的位置等於幾分鐘前短針所在的位置。

Q06 的解答範例

詢問孩子：「請告訴我對你來說的幸福是什麼？」

當思考「幸福」這類會因人而異的價值觀時，無論怎麼樣思考都是沒有意義的。因為每個人浮現在腦海中的幸福都不一樣。

此時就應該要單刀直入地詢問：「請告訴我對你來說的幸福是什麼？」或是「你什麼時候覺得幸福？」。

◀ 解答範例在第 26 頁

Q 08

誰都不想去的旅行

為了什麼而行動——問題解決力

在某個盛夏的日子裡，家族提議到很遠的城市去旅行。大家都認為其他成員很期待這次的旅行，所以沒有任何人反對。

但因為酷暑，這趟旅程並不愉快。在旅行結束後全家族成員才知道，包含提議的人在內沒有人想要去旅行——。

這是關於集體思考的知名悖論之一，我們周遭也有類似的例子嗎？試舉例之。

◀ 提示在下一頁／解答範例在第 28 頁

Q08 的提示

明明誰都不想去，但是什麼讓事情發展下去呢？

◀ 解答範例在第 28 頁

Q07的解答範例

5度。

當短針指向2點時，與長針指向10分時的位置是一樣的。換言之，只要知道從正2點開始到10分之間，短針前進多少角度，就會知道長針與短針間的角度。

將360度用12小時來分割，短針一小時前進30度，10分鐘就是1／6的時間，所以10分鐘之間，短針前進的角度是30÷6，也就是5度。因此長針與短針間的角度是5度。

Q 09 拷問恐怖份子

應該要優先的事項——問題解決力

現代的文明國家禁止拷問。大家應該都同意拷問是一件不好的事情。

那麼，現在逮捕到一名在大城市中安裝定時炸彈的恐怖份子，但是除了犯人本人，沒有人知道這顆炸彈在哪裡，如果爆炸的話無疑會有幾千人死亡，而犯人卻堅持不肯透露資訊。

在這個情況下，為了知道炸彈的地點，可以正當化拷問恐怖份子的行為嗎？

請從可以正當化拷問行為與不可以的兩種觀點，試著說明之。

◀ 提示在下一頁／解答範例在第 30 頁

Q09 的提示

請思考什麼樣的道理具有客觀的說服力，而非主觀的判斷。

◀ 解答範例在第 30 頁

Q08的解答範例

企業中目標不明的例行會議。

每個月或是每週都會舉行的會議。目的不明確，也不知道有什麼成效，與會者只是例行性發言，討論毫無結果。每個人應該都有這樣的經驗吧。

「因為從以前就這樣做，所以應該有意義吧」、「應該是有誰覺得很有效所以才舉辦的吧」，由於每個人都這樣想，所以沒有人反對開會。

Q 10

猴子的夥伴是熊貓還是香蕉

思考的模式——想像力

請從下列3項，選出關係特別接近的2項。

熊貓
猴子
香蕉

◀ 提示在下一頁／解答範例在第 32 頁

Q10 的提示

這個問題的回答，可以粗略分成2種思考模式。你的思考模式是哪一種呢？還有，另一種模式是如何思考的呢？

◀ 解答範例在第 32 頁

Q09的解答範例

拷問有正當性：數千人的性命和犯人1人的痛苦相比，前者重要多了。

拷問無正當性：拷問不是揭露真相的有效方法。

首先，是支持拷問有正當性的理論之一。這是將犯人1人身體所受的痛苦，與數千人喪失的性命放到天秤上衡量，該選擇哪一邊應該就很清楚了。

另一個，則是認為沒有正當性的理論之一。拷問經常不是揭露真相的有效方法，如同大家所知的冤獄，為了逃離嚴苛的訊問而產生許多並非事實的自白。

Q11 離職的決定

思考最好的選擇——想像力

一位男子犯了大錯，致使公司損失了前所未見的金額。震怒的社長命令他「給我辭職！」不想辭職的男子於是向社長懇求：「我還有家庭，如果辭職的話全家都會露宿街頭的，我也無法和太太說我是因為犯錯才離職。」

於是社長說：「好吧。表面上的離職理由讓你自己決定，但是你一定要給我辭職。」

男子稍微思考了一下後，就給出了答案。結果男子繼續在這間公司工作了數十年。請問男子給出的回答是什麼呢？

◀ 提示在下一頁／解答範例在第 34 頁

Q11 的提示

男子雖然繼續做了數十年，但最後仍有離職，並不是沒有離職。

◀ 解答範例在第 34 頁

Q10的解答範例

「熊貓和猴子」或是「猴子和香蕉」。

一般來說，西方人思考路徑較為理論，而東方人則用具體情境認識世界。將這個題目拿來實驗，分別詢問美國人和中國人，結果美國人選「熊貓和猴子」、中國人選「猴子和香蕉」的佔壓倒性的多數。美國人將這3項以「哺乳類與水果」的理論來思考，中國人則傾向思考「猴子吃香蕉」的情境。

此外，據說若詢問精通中、英文的人，若用英文問，多半的人會選「熊貓和猴子」，用中文問的話，則會選擇「猴子和香蕉」。

Q 12 盤子上的蘋果派

「剩餘」的數量——問題解決力

房間裡有一個盤子，上面有6片蘋果派。有6位女生，每位女生各拿走1片蘋果派，但盤子上卻還剩1片。

這是為什麼？

◀ 提示在下一頁／解答範例在第 36 頁

Q12 的提示

題目沒有寫6個女生「吃了」蘋果派。

Q11 的解答範例

他的離職理由寫退休。

被社長說「離職理由自己決定」的男子，思考著能夠長久待在公司的離職理由。

而他想到的辦法就是「退休」，這樣他離職的時間能夠拉到最晚。社長因為話已說在前頭，所以也不能要他馬上離職，男子就能平安無事地繼續工作。

◀ 解答範例在第 36 頁

Q 13

倒塌的路牌

確定方位的條件——問題解決力

男子在未知的地區旅行。

他從某個城鎮出發，朝向下一個目的地前進，走了一會後，他遇到一個十字路口。

雖然那裡有指向下一個城鎮的路牌，但那個路牌卻完全倒塌，看不出來目的地的方向是哪邊。儘管如此，他仍平安地抵達了目的地。

男子是如何知道目的地的方位的呢？

◀ 提示在下一頁／解答範例在第 38 頁

Q13 的提示

路牌指向4個方向，並且寫著十字路口的每條道路能抵達的城鎮名字。

Q12的解答範例

最後拿走蘋果派的女生，將蘋果派連同盤子一起拿走。

每個女生各拿走一片蘋果派，而第6位女生則將蘋果派連同盤子一起端走。

◀ 解答範例在第38頁

Q14

完全的黑暗

能夠夜視的動物——想像力

下列的動物中，能在完全的黑暗中看見東西的是哪個？

貓頭鷹

豹

鵰

◀ 提示在下一頁／解答範例在第 40 頁

Q14的提示

在完全的黑暗中，沒有任何光線。

Q13的解答範例

因為男子記得出發的城鎮名字。

男子記得那天自己出發的城鎮的名字。

即使路牌倒了，將出發的城鎮名字對準自己來的方向，其他3個就也會指向正確的方向。

◀ 解答範例在第40頁

Q 15

死前訊息

死者做不到的事——問題解決力

有一位男子被發現因槍殺死在自己的房間裡。男子的手上握著槍。

刑警調查屋內後發現一台錄音機，按下播放鍵，聽見「我活不下去」的訊息和隨之而來的槍響。和家屬確認後，聲音的主人的確就是死去的男子。

但是刑警確信男子不是自殺，而是他殺。理由是什麼呢？

◀ 提示在下一頁／解答範例在第 42 頁

Q15 的提示

按下錄音機的播放鍵，就聽見死者本人的聲音。

Q14 的解答範例

無論哪種動物都看不到東西。

在黑暗中能看到什麼程度，取決於不同動物的眼睛構造。視網膜功能越佳的動物，越能調節受光的程度，在僅有微光的空間中也能看到東西。

但是所謂「完全的黑暗」，就是指沒有任何光線。無論有多好的眼睛，只要沒有光就什麼也看不見。

◀ 解答範例在第 42 頁

Q16 平均時速

不被直覺所囿——數學的思考力

某一天，你開著車子前往目的地。去程的平均時速為60km，回程為40km。

若將去程和回程一起計算，這一天移動的平均時速是幾公里？

◀ 提示在下一頁／解答範例在第 44 頁

Q16 的提示

去程和回程的時速不同，所以移動所花的時間也不同。

Q15 的解答範例

因為死掉的人無法將錄音機倒帶。

如果男子是自己錄音、自己扣下扳機，之後即使別人按下播放鍵，也應該聽不到訊息才對。

所以是死者以外的某個人將錄音帶倒帶。

◀ 解答範例在第 44 頁

Q17 柔道大會的比賽次數

想像的轉換——想像力

有127位選手參加柔道大會，比輸的選手就退場，沒有敗部復活賽。

在這種情況下，為了比出冠軍，最少需要比幾次？

◀ 提示在下一頁／解答範例在第 46 頁

Q17的提示

這題有2個方法導出正解。其中1個是，想像這是一場淘汰賽，藉此計算第1回合、第2回合、第3回合的比賽總數。但是，有更簡單的辦法。

◀ 解答範例在第46頁

Q16的解答範例

48km。

假設到目的地的距離為120km，去程花了2小時，回程花了3小時。也就是往返共花了5小時，移動240km。平均時速就是240÷5，48km。即使將距離換成別的數字，也會出現一樣的計算結果。

Q 18 可以吃幾根香蕉

空空如也的胃——想像力

當肚子空空如也的時候，人可以吃下幾根香蕉？

◀ 提示在下一頁／解答範例在第 48 頁

Q18的提示

當肚子變得不「空空如也」的時候，是什麼時候？

◀ 解答範例在第48頁

Q17的解答範例

126次。

首先，如果想像成淘汰賽的話，能進決賽的人數是2人，準決賽是4人，半準決賽是8人，也就是成2的倍數成長。第一回合的比賽若有128人的話就剛好，但事實上因為少1位，所以就當作這1位不戰而勝。

這樣的話，在第1回合要比63次，第2回合要比32次，第3回合要比16次，63＋32＋16＋8＋4＋2＋1，共是126次。

不過有更簡單的方法。因為輸了就下場，所以1場比賽中就會有1人出局，換句話說，為了在X人中選出1位冠軍，就必須舉辦X－1次。

Q19 礦車的開關

該選擇哪條命——邏輯的思考力

你是挖掘地下道的工人。為了搬運廢土與岩塊，眼前有一條供礦車行駛的軌道。

現在你的右手邊，有一台載著大量砂石的礦車正高速疾駛而來，誰不小心撞上它的話必死無疑。

這台礦車行進路線的前方，有一個將軌道一分為二的分歧點，軌道一邊有1位工人，另一邊則有5位工人。因為工程的噪音，沒有人發現礦車正朝他們衝過去。

你的前方有變換軌道方向的開關。若不動的話，礦車就會朝5人所在的方向前進，若壓下開關，礦車就會朝另一邊前進。

這種時刻，你該怎麼做才好呢？

◀ 提示在下一頁／解答範例在第 50 頁

Q19 的提示

這個問題沒有明確的答案。面對不同的選擇時，你是如何思考的呢？

Q18的解答範例

0根。

在吞下一口香蕉的瞬間，肚子就不是空空如也的了。

◀ 解答範例在第 50 頁

Q20 抽籤的順序

好酒沉甕底？——邏輯的思考力

有5枚籤。5個人各抽1枚，抽中的可得10萬日圓，沒抽中的則要付1萬日圓。

如果你是5人之1，你希望是第幾位抽籤的人呢？

◀ 提示在下一頁／解答範例在第 52 頁

Q20 的提示

問題的描述會讓人的心理留下某種印象，但試著實際算算看吧。

◀ 解答範例在第 52 頁

Q19 的解答範例

多數人會選擇「按下開關」。

多數人會選擇「按下開關」作為這題思想實驗的答案。理由只有1個，1條性命和5條性命相比，該選擇哪邊應該非常清楚。

另一方面，會有少數人選擇「不按下開關」，他們的意見是：「原本的5人難逃一死的命運，但按下開關則會讓本來不會死的人犧牲，這樣是錯的」或是「按下開關的話自己就從旁觀者變成當事人，雖然說是不得已的決定，但內心抗拒奪走他人性命這件事」。

你又是怎麼想的呢？

Q21 讓機率下降的玩笑

機率是什麼——邏輯的思考力

A和B兩個人搭乘新幹線。

B討厭搭新幹線，因為害怕「如果有持兇器的人搭乘該麼辦」。

於是A說：

「所以你也帶兇器上車就好啦。原本1人持兇器上車的機率就很低了，如果再包括你，變成有2人持兇器上車的話，機率就變得更低了。這樣想的話，這是多麼罕見的狀況啊。放心了吧？」

A的主張有錯嗎？

◀ 提示在下一頁／解答範例在第 54 頁

Q21 的提示

確實以常識來思考的話，很難想像會有2個帶著凶器的人碰巧搭乘同一輛新幹線。陷阱在哪裡呢？

◀ 解答範例在第 54 頁

Q20的解答範例

不論第幾位抽都沒有差。

無論第幾位抽，在5枚籤中抽中的機率都是1／5。

雖然有「好酒沉甕底」的俗諺，但從機率理論來看的話，這句話並不合理。

Q22

一夫一妻制好嗎？

所謂最佳的伴侶——邏輯的思考力

一夫多妻制的國家與一夫一妻制的國家，哪個比較好？請從「為了找到更好的伴侶」的觀點，分別思考男性與女性的狀況。

◀ 提示在下一頁／解答範例在第 58 頁

Q22 的提示

無論你是男性還是女性，請不要從自身的立場與情感出發思考這件事情。

Q21的解答範例

A的主張是錯的。

A的理論乍看之下有道理，但其實B帶凶器和其他乘客帶凶器這兩件事情本來就沒有任何關係。B只是獨立的行為，並不會帶給周圍任何影響。

◀ 解答範例在第 58 頁

第2章

難易度★★的思想實驗

Q23 質問睡美人

整理條件——數學的思考力

每到星期天，睡美人就會被迫吃下安眠藥入睡。

在睡美人的身旁，有記錄員等在一旁。記錄員在睡美人睡著後就會丟硬幣，出現正面的話，他就會在星期一把睡美人叫起來，問她問題。出現背面的話，他就會在星期一把睡美人叫起來，問她相同的問題，再用藥物讓她睡著，然後星期二的時候再叫睡美人起來，問她同樣的問題。

叫醒睡美人的時候，記錄員問的問題是：

「硬幣出現正面的機率是多少？」

如果你是睡美人的話，該如何回答呢？

而且此處假定，星期二被叫起來的睡美人，並不知道出現背面所以星期一被叫起來的這件事情。

◀ 提示在下一頁／解答範例在第 60 頁

Q23的提示

只要將全體的總和扣除所求機率以外的數字，就會有答案。

◀ 解答範例在第60頁

Q22的解答範例

對女性來說一夫多妻制比較好，男性則是一夫一妻制。

在一夫多妻制中，女性比較不需要衝撞與努力，就很有可能能和高位階的男性結婚。

另一方面，如果是一夫多妻制，女性的目光都集中在少數的高位階男性身上，對大多數的男性來說是不利的。

Q24 繩子上的兩枚硬幣

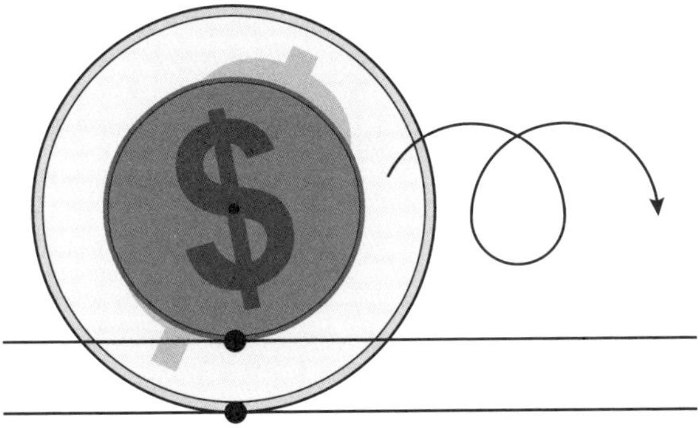

回到原點——邏輯的思考力

如附圖，有一大一小的兩枚硬幣彼此貼合，它們沿著兩條繩子旋轉。一開始硬幣各自接觸繩子的那1點，在旋轉一圈後又同時觸碰到繩子。

但是，圓周長是直徑×圓周率。直徑不同的話，圓周長也會不同才對。在這種狀況下，下列哪個條件不能當作前提？

① 2枚硬幣的圓周長不同
② 2個點在繩子上移動了相同距離
③ 點的移動距離等於硬幣的圓周長

◀ 提示在下一頁／解答範例在第62頁

Q24 的提示

當與正確的條件發生矛盾時，該思考的是「眼見為憑」。3個條件中，哪一個不是能夠觀察到的事實？

◀ 解答範例在第62頁

Q23的解答範例

1／3。

假設投了10次硬幣。

在10次裡面，出現正、反面的機率是各5次。因此，出現正面所以星期一被叫醒的機率是5次。出現背面所以星期一被叫醒的機率是5次，同時星期二也被叫醒的機率是5次。將正反兩面加起來，也就是在星期一與星期二裡共醒來15次，其中出現正面所以星期一被叫起來的機率是5／15，也就是1／3。

Q 25

1萬日圓的分配

為了獲得利益的判斷——問題解決力

A先生當著B先生的面，給了C先生1萬日圓，並且對2人說道：「請C將1萬日圓分些給B，剩下的就自己留著。但是B看了C的分配後可以拒絕，拒絕的話，1萬日圓就全部還給我。」

B和C在這次以後不會再相見。

B和C都是理性的人，只注重自身的利益，彼此也都知道這件事情。假如你是C，你應該要怎麼分配呢？

◀ 提示在下一頁／解答範例在第 64 頁

Q25 的提示

不要只思考C的立場，也思考B能「確實得利」的方法，就會有答案。

Q24的解答範例

「③點的移動距離等於硬幣的圓周長」是錯的。

以邏輯來思考的話，答案只有一個。

①、②是肉眼可以看到的事實，毫無疑問，所以應該懷疑的是③，也就是點的移動距離並不等於圓周長。

當旋轉在繩子上的硬幣時，1點的移動距離要與硬幣的圓周長相同，只有在硬幣不滑行、與繩子完全密合的情況下才辦得到。實際上，無論多謹慎得旋轉硬幣，2枚硬幣中一定會有1枚出現空轉。

◀ 解答範例在第 64 頁

Q 26

錯覺的原因

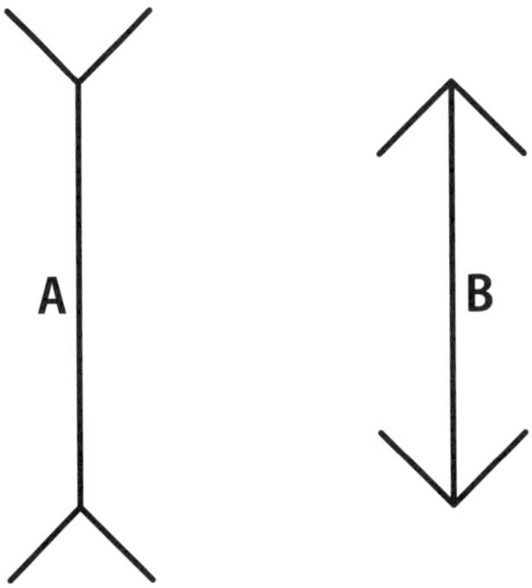

人類的生存策略——想像力

圖例有A、B二線段，看起來A比較長，但其實這2條線是一樣長的，A會看起來比較長是錯覺。

錯覺的發生一定有原因。某個條件下，比起全部都能正確認知的大腦，會產生錯覺的大腦在生存上較為有利。

那麼，為何這個圖會讓大腦產生錯覺呢。

◀ 提示在下一頁／解答範例在第 66 頁

Q26的提示

想像A線段的兩邊有牆壁，那麼就會變成一副牆壁在遠處交會的圖。想像B線段的兩側有石牆，那麼石牆會看起來像是在眼前交會。

◀ 解答範例在第66頁

Q25的解答範例

給自己（C）9999日圓，給B先生1日圓。

無論B拿多少錢，只要拒絕的話就得不到一毛錢，接受的話就會得到錢。也就是說，B不會考慮拒絕的選項。因此你（C）只要提議能讓自己利益最大化的9999日圓即可。

只是，在現實世界中執行這個實驗時，C通常都會提議平分，而如果B拿不到2成，幾乎都會拒絕。這是一個很好的例子顯示了人行動時不會僅考慮自己的利益。

Q 27 2萬日圓的音樂會

損失的基準——想像力

首先，閱讀以下2個事例並進行比較。

A：以1萬日圓購買了音樂會的預售票，但當天在會場弄丟了門票。現場購買和預售票價格一樣都是1萬日圓。

B：有一場忘了購買預售票的音樂會，所以想要用1萬日圓購買當日票。但出門後在會場發現自己弄丟了裝有1萬日圓的錢包。只好拿別的錢包，用裡面的錢買當日票。

在A的情境中，會現場購買當日票的人多，還是不買的人多？B的情境中又是如何？這是為什麼？

◀ 提示在下一頁／解答範例在第 68 頁

Q27 的提示

無論哪種情境，條件都是相同的：損失1萬日圓不聽音樂會，或是再付1萬日圓聽音樂會。在哪種情境中購買當日票會讓人覺得虧到呢？

◀ 解答範例在第 68 頁

Q26的解答範例

為了能夠直覺地分辨遠的東西與近的東西。

根據透視法，線段A會被看成是牆壁在遠處交會，線段B會被看成是牆壁在眼前交會。換言之，在視線內看見類似A的形狀時，線段在較遠地方的機率較高，看見類似B的形狀時，線段在較近地方的機率較高。無論遠的還是近的東西，在「看到」的時候都是一樣長的話，那麼實際上遠的東西應該是比較長的。

我們能夠從看到的長度直覺推知到實際的長度，藉此知道危險在距離自己遠的地方還是近的地方、尋找的東西在近的地方還是遠的地方。看一眼就知道遠近，無疑對生存較為有利。

Q 28

骰子的機率

理論的機率與結果的矛盾——數學的思考力

有一個遊戲是，擲骰子好幾次，若6成以上都出現偶數就「中獎」。這種遊戲有2種型態。

①中獎的話可得1萬日圓，失敗的話什麼都沒有。

②中獎的話必須支付1萬日圓，失敗的話就不用。

關於這2種遊戲，應該選擇下面哪種規定呢？

A：將擲骰子的次數規定在100次。

B：將擲骰子的次數規定在1000次。

遊戲①和②各自該選擇規定A還是規定B呢？

◀ 提示在下一頁／解答範例在第70頁

Q28的提示

將A和B的擲骰子數分別想到極端的話就很容易懂，想像A只擲1次，B可擲無限次。

Q27的解答範例

在A情境中「不買」的人比較多，在B情境中「買」的人比較多。相較於A丟了門票這件事情與音樂會有直接連結，B丟了錢包只是偶然。

在A情境中，失去的1萬日圓門票與音樂會有密切相關。再花1萬日圓購買門票的話，等於是總共花了2萬日圓聽音樂會。感覺比原本的金額付出許多，所以許多人會選擇「不買」。

另一方面，在B情境中，遺失錢包和音樂會沒有直接相關。不會覺得為了音樂會付1萬日圓是多餘的損失，所以許多人會選擇「買」。

◀ 解答範例在第70頁

Q29

該問誰問題？

是否有滿足條件——邏輯的思考力

X理髮院，聘用美髮師的基準為「有作為美髮師2年以上的工作經驗」。但是，可能有人並不符合這個條件。

你必須找出違反條件的人，下列4人都是可能的對象。但是你對這4個人除了下列資訊外，連包含他們是不是X理髮院的員工在內都一概不知。你只能詢問這4人是否有作為美髮師2年的工作經驗，或是問他們是否是X理髮院的員工。

這4人裡面你至少需要問誰問題呢？

①作為美髮師工作5年的A
②X理髮院的員工B
③沒有考過美髮師執照的C
④正在餐廳當廚師的D

◀ 提示在下一頁／解答範例在第72頁

Q29的提示

分別思考每個人是否符合條件。一定要問誰問題呢？

◀ 解答範例在第72頁

Q28的解答範例

①要選A，②要選B。

首先，擲骰子的時候出現偶數的機率為5成，但是實際上的數字卻不是按照機率一樣地出現。因為偶然的緣故，擲的次數越少，越容易產生矛盾的結果。反之，擲的次數越多，越容易和理論的結果一致。

因此A是機率比較不會接近5成的選項，當然出現奇數的機率也會比較高，但即使如此也不會有損失，所以追求獲利的話應該要選擇A。相反的，在②的狀況下，就要讓擲骰子的次數盡可能地增加，所以應該要選擇機率會接近5成的選項。

Q30 選美比賽的抉擇

預測他人的想法——邏輯的思考力

你是某個選美比賽的評審委員。除了你之外還有數名評審，得到最多評審票數的參賽者將會拿到冠軍。

評審們事前就被告知說「投票給得到冠軍的參賽者的評審，將會獲得主辦單位的獎金」。

參賽者有A、B、C三位。

評審們看得到他們各自的年齡、專長等個人檔案。

那麼，你為了投給拿到第一名的參賽者、獲得獎金，你該投票給哪種類型的參賽者呢？

◀ 提示在下一頁／解答範例在第 74 頁

Q30的提示

建議從「投票給得到冠軍的參賽者的評審，將會獲得主辦單位的獎金」的條件，來思考如何預測其他評審的想法。

◀ 解答範例在第74頁

Q29的解答範例

一定要詢問B是否有作為美髮師2年以上的工作經驗。

將每個人分開來看。首先是A，A有5年的工作經驗，雖然你可能會想問他是否正在X理髮院工作，但他曾在別的理髮院工作過就沒有問題，所以沒有質問他的必要。

再來是B，雖然B是X理髮院的員工，但不知道他是否有滿足作為美容師2年以上的工作經驗的條件，所以有詢問他的必要。

C從原本就不符合條件，所以沒有問他的必要。而D不在理髮院工作，所以也沒有問他的必要。

Q31 圍繞地球的纜繩

真實很簡單——數學的思考力

假設我們沿著地球的赤道，用纜繩圍繞著地球一圈。之後同樣地沿著赤道纏上第二條纜繩，但這條纜繩的位置在比第一條高1公尺的地方。

這個情況下，第二條纜繩比第一條纜繩長多少？

◀ 提示在下一頁／解答範例在第76頁

Q31 的提示

為了求圓周長，必須要先知道圓周率與直徑。地球赤道長約為1萬3000km，但是這個問題即使不知道地球的直徑也能計算出答案。

◀ 解答範例在第 76 頁

Q30的解答範例

受歡迎，且容貌與舉止符合流行的參賽者。

當有「投票給得到冠軍的參賽者的評審，將會獲得主辦單位的獎金」這個前提時，選擇自己喜歡的類型投票是沒有意義的。應該要考慮的是，哪位參賽者可能會獲得別的評審的青睞。

但是，別的評審應該也在思考同樣的問題。這樣的話，我們要預測的是自己以外的評審推測「別的評審應該會投給這個人」的想法，但事實上這是無法做到的事。

因此，將票投給似乎會得到票數、受歡迎、容貌和打扮都符合流行的參賽者是最好的選擇。

Q32 紅色是什麼？

所謂正確的知識——邏輯的思考力

瑪麗是研究色彩的研究者。在數不清的顏色中，紅色是瑪麗的專門領域。

瑪麗自幼就是色盲，無法分辨特定的顏色，這樣的經驗也是瑪麗成為色彩學研究者的契機。

只要是關於紅色的問題瑪麗都能回答，像是紅色帶給人的影響、番茄為何是紅色的理由、為什麼肉眼看不見紅外線等等。

但是，只有1個瑪麗不知道的事情。那是什麼呢？

◀ 提示在下一頁／解答範例在第 78 頁

Q32 的提示

你假設自己是蝙蝠的研究者。你知道蝙蝠的眼睛幾乎看不見，牠們是藉由高周波的叫聲來感知外界的模樣。但有什麼是你不是蝙蝠就不知道的事情呢？

Q31的解答範例

約6.3m。

許多人想的數值應該都比這個大吧，但是正解僅有6.3m。使用學校教過的公式就能簡單地計算出來。

圓周長是圓周率×直徑。

第2條纜繩比第1條高1m，代表纜繩圈的直徑長了2m。

換言之，第1條與第2條纜繩的長度相差圓周率×2m，大約是6.3m。

◀ 解答範例在第 78 頁

Q33 解散之日

邏輯的陷阱——邏輯的思考力

有一年，首相在國會上表示：

「下個月議會解散。日程安排會到當日才公布。」

首次當選、經驗尚淺的議員A很焦急。但他認為沒有必要為選戰做什麼準備，於是便沒有為伴隨解散而來的選舉做任何準備。他的推論如下。

「解散不會在下個月的31日舉行。因為若不在30日前解散，大家就會知道解散日是31日。若不在31日解散的話，那麼也不會是在30日，因為如果到了29日還沒發表，就會知道是30日要解散。像這樣一天一天往前追溯，首相無法解散議會。因此沒有必要準備伴隨解散而來的選舉。」

下個月，首相依言解散議會。為何A無法預料到議會會解散呢？

◀ 提示在下一頁／解答範例在第 80 頁

Q33 的提示

請將理論上的預測和實際上會發生的事實分開思考。

◀ 解答範例在第 80 頁

Q32的解答範例

因為瑪麗是色盲，所以他不知道紅色看起來是什麼樣子。

無論擁有多少物理學的正確知識，也無法正確捕捉到主觀的心理活動。

例如，蝙蝠的眼睛幾乎看不見，取而代之的是牠會發出高周波的鳴聲來感知外界的模樣。但無論我們怎樣研究有關蝙蝠的物理學或神經科學的知識，我們還是無法理解蝙蝠用高周波的鳴聲來感知外界的感覺。

無論擁有多少物理學或生理學的知識，也無法說明感覺。

Q 34

買到可樂的機率

徹底調查情報——數學的思考力

有A和B兩個小孩。這2位小孩從提供17種飲料的自動販賣機中買了1罐飲料。

問他們買了什麼，2人回答「可樂」。

但是，他們2人總共有20%的機率在說謊。

那麼，他們2人真的買了可樂的機率是多少？

◀ 提示在下一頁／解答範例在第 82 頁

Q34的提示

思考有2種模式，一是買了可樂（沒有說謊）的狀況，二是買了可樂以外的飲料（說謊）的狀況。

Q33的解答範例

無論A如何預測，都不會影響首相的判斷，首相都能解散議會。

A的推理乍看之下頗有道理，但他得出的結論「議會不會解散」則是錯的。因為首相已經說了「下個月某時解散」，無論他有沒有設想出一個日程，都宣布了他會執行解散議會。

有1／31的機率議會會解散，這是不變的事實，A僅是因為自己錯誤的推理，就以為不用準備選戰。

◀ 解答範例在第82頁

Q35 只是製作地圖

財源和成本的表裏——想像力

你是100年前製作地圖的人。

有一天，你收到你所在地方的政府委託製作「正確的地圖」。但是政府財政有困難，所以沒有辦法編列預算。

雖然沒有預算，但政府開出條件，若政府的收入增加，那增加的收入可以用來製作地圖。

為了在幾乎等於免費的情況下製作地圖，你該如何做呢？

◀ 提示在下一頁／解答範例在第 84 頁

Q35 的提示

請想像100年前的技術可以實現的事情。還有，國家主要的收入來源是稅金。以及，若是增加收入的辦法也可運用在製作地圖上的話，那製作地圖的經費又會減少。

Q34的解答範例

買可樂的機率是1／2。

真的買可樂，沒有說謊的機率為：

1／17×4／5（A說真話的機率）×4／5（B說真話的機率）……①

買了可樂以外的飲料，說謊的機率為：

16／17×1／5（A說謊的機率）×1／5（B說謊的機率）……②

將①和②合計，①／①＋②＝1／2

◀ 解答範例在第84頁

Q 36

鏡子中相反的模樣

保持客觀的觀點——想像力

照鏡子的時候，左右會相反。
那麼，為何只有左右相反，上下不會呢？

◀ 提示在下一頁／解答範例在第 86 頁

Q36 的提示

問題本身有許多解釋，無法統一回答，但有個簡單的方法就是質疑問題是否妥當。換言之，該質疑的是「為何○○呢？」的○○前提是否成立。

Q35 的解答範例

為了製作地圖於是拍攝空拍圖測量土地的正確大小，並舉發逃稅的人。

為了製作出正確的地圖就必須知道土地的詳細形狀，有效的方法就是拍攝空拍圖。但是，無論是使用飛機還是拍攝都需要成本。不過拍攝空拍圖，不只會產生成本，也能產生利益。

如果拍攝空拍圖，就能知道每個人真正擁有多大的土地，藉此找出少申報土地面積的人，讓他付出原本他應該付的稅金，政府的收入就會增加，也能補足製作地圖的成本。

◀ 解答範例在第 86 頁

Q37 職業選擇的兩性差異

選擇工作的理由——問題解決力

比起文科，大學理科的女學生較少。這點每個國家都一樣。在所謂的「先進國」裡，學習工程或電腦科學並以此為職業的女性比例，相較男性是極少數。

但是在菲律賓或泰國等開發中國家，在大學中專攻理科並以此為職業的女性比例較先進國多。

在先進國中，教育、發展、職業選擇較為自由，也保障男女平等雇用的權益。儘管如此，卻是開發中國家比較沒有因性別出現科系或職業的選擇偏差，這是為什麼呢？

◀ 提示在下一頁／解答範例在第 88 頁

Q37 的提示

「自由」或許會帶來「平等」，但是「平等」不一定會帶來「一樣」。僅管不同國家的差異有大有小，但為何選擇理科的女性較少呢？

◀ 解答範例在第 88 頁

Q36 的解答範例

本來照鏡子時就不只有左右相反。

這似乎是句不可思議的話，但想法很簡單。當你站在鏡子前，將上下設定為中心軸時，確實鏡子中你的模樣是呈現左右相反的樣子。

但是，我們可以想想富士山映照在湖水上的「逆富士」模樣。富士山在水面上是呈現上下相反的樣子。

換言之，根據旋轉軸或對稱面的不同，鏡中你的模樣有可能是左右相反或是上下相反的樣子。

Q38 機器人與框架問題

機器人會思考嗎——問題解決力

有人開發出新型的機器人。這個機器人會代替人類從事危險的工作。

有一個關於這個機器人的實驗。

在一個安裝了定時炸彈的房間中，有一個昂貴的茶壺，而機器人必須去將茶壺拿出來。

進入房間的機器人，找到了位在手推車上的茶壺，雖然它推著手推車將茶壺運出來，但這輛手推車上一樣裝有定時炸彈，在運出來的瞬間炸彈爆炸，機器人被炸毀。

那麼，是否可以對機器人進行改良，讓它只拿茶壺出來呢？

◀ 提示在下一頁／解答範例在第 90 頁

Q38的提示

機器人為了避免失敗，必須要能夠判斷「想要的結果（取出茶壺）」和「不想要的結果」。當機器人無法盤算時，結果會如何？

◀ 解答範例在第90頁

Q37的解答範例

因為個體自由度增加，男女在精神上偏好的差異就明顯地表現出來。

比起女性，男性天生就較喜歡理工領域的事物。在有大幅度的自由和經濟餘裕的先進國，每個人「為了錢」選擇職業的必要性降低，選擇「自己想做」的工作傾向增強。

另一方面，在發展中國家，女性選擇職業時會受限於經濟上的理由。以工程或電腦科學為業的女性比起其他領域的女性有更高的收入，經濟的動機讓男女選擇的偏差變小，結果造成兩性選擇職業的差異變小。

Q39 杯子的數量與瓶子的數量

孩子的思考——想像力

有一個以4歲小孩為對象的實驗。實驗中將6個杯子和6個瓶子各排成一列，每個杯子或瓶子的間隔相等，然後問孩子：「哪邊比較多？」孩子會回答「一樣多。」接著，在孩子面前將杯子的間隔拉開，再問他們相同的問題，孩子會回答杯子比較多。

但是，若是對2歲及3歲小孩進行同樣的實驗，他們卻能回答出正確答案。這是怎麼回事呢？這是因為2歲的小孩能夠理解算數，但到了4歲時就沒有這個概念了嗎？

這裡希望大家能思考更簡單的理由，請試著舉例說明之。

◀ 提示在下一頁／解答範例在第92頁

Q39 的提示

4歲小孩真的認為比起瓶子，杯子更多嗎？如果不是的話，為什麼會回答杯子比較多呢？

◀ 解答範例在第 92 頁

Q38的解答範例

現代科技無法解決這個問題。

這個問題的背後是名為「框架問題」的一大難題。

首先機器人注意到可以推推車將茶壺運出來，但它無法理解推車上的炸彈會有什麼影響。或許會有人認為，那就將機器人做成能夠思考炸彈和茶壺的關係不就好了。但其他像是天花板、牆壁、傢俱等等，都有可能影響到推車的行動，機器人必須思考的要素有無數個，要它全面考慮及判斷這些要素是不可能的。

事實上，人類也並不是解決所有「框架問題」才行動，我們不過是行動時「不被事物完全侷限」。

Q40 為何虐待孩子的是繼母

故事的傳承——想像力

童話故事中有許多繼母虐待孩子的場景，像是灰姑娘或白雪公主。但其實現實中父母離異時，小孩多半是跟母親走。換言之，繼父比起繼母更多，而且比起母親，會虐待孩子的父親比較多。

那麼，為何在童話故事中，多半是繼母虐待孩子，而非現實或故事中應該要比較多的繼父呢？

◀ 提示在下一頁／解答範例在第 94 頁

Q40的提示

有2大要素決定童話故事內容：①現實中容易發生的事情、②容易傳達的事情。

◀ 解答範例在第94頁

Q39的解答範例

4歲小孩會思考問題的意圖，給出他人期待的答案。

孩子到了4歲的時候，開始有了推敲他人心情的能力。當實驗者把杯子的間隔拉開問他們問題時，孩子是這樣思考的：「為何又問了1遍和剛才相同的問題呢？啊，可能是我聽錯了。他問的不是數量，是問長度。」所以他們會回答杯子。

2、3歲的小孩還無法思考對方的想法，所以會直接回答被問到的問題。也有實驗證實了這個解釋的正確性。當問問題的人東張西望，讓另一個實驗者改變杯子的間隔後再問一次：「好像和剛才不一樣，可以再告訴我一次嗎？」時，無論2歲還是4歲的孩子，都會回答出正確的數量。

Q41 罰金的悖論

規範的種類──想像力

有一個托兒所進行實驗。實驗方法是，若家長晚來接小孩就要徵收罰金。托兒所預想的是徵收罰金應該會降低遲到的狀況，但事實上遲到的人反而增加了。

幾個禮拜之後，托兒所取消了罰金制度，回復原本的狀態。本來以為遲到的比例也會回復成實施罰金制度之前的比例，結果又出現意料外的結果。比起罰金時期，此時遲到的人又更多了。

是什麼原因發生這種現象呢？

◀ 提示在下一頁／解答範例在第 96 頁

Q41 的提示

為何人會覺得「不能遲到」？請試著思考「因為必須付罰金」以外的理由。

◀ 解答範例在第 96 頁

Q40 的解答範例

會講童話故事給孩子聽的，幾乎都是母親。

童話故事主要是從床邊故事流傳下來。會講故事給孩子聽的多半是母親。從母親的立場來看，比起「如果你父親死了，新的父親可能會虐待你」，自己死掉的狀況反而比較好講，而且實際上丈夫死掉後也很難再婚，所以作為母親會向孩子傳達「所以你要好好珍惜我」的訊息。

Q 42

犯下殺人罪的朋友

正直是正義嗎——問題解決力

有一天，突然一位好朋友來到你家。好朋友跟你說：「我因為不得已殺了人，正被警方追捕，希望你能讓我躲一段時間。」於是你讓這位朋友進到家裡。

30分鐘後，警察來到你家，詢問你說：「犯人沒有在你家嗎？」你應該要跟警察說朋友在你家嗎？還是應該要說謊保護朋友呢？

◀ 提示在下一頁／解答範例在第 98 頁

Q42 的提示

無論在什麼國家或時代，這個問題被以各種形式討論著。你對這個問題懷有想什麼樣的想法呢？

◀ 解答範例在第 98 頁

Q41 的解答範例

因為有罰金制度，所以家長們對托兒所的歉疚感消失，產生出「遲到也沒關係」的想法。取消罰金制度之後，又產生「因為不罰錢了，所以遲到也沒關係」的想法。

這裡要思考的是「社會規範」和「市場規範」。在有罰金制度以前，有名為「遲到會造成托兒所的困擾」的社會規範。但有了罰金制度以後，社會規範變成市場規範，家長產生了「繳了罰金就可以遲到」的契約觀念。雖然後來取消罰金制度，但觀念仍是市場規範，因為「罰金沒有了」所以遲到的人更多。社會規範一旦變成市場規範後，就很難回復。

Q 43

2隻幼犬

這裡有2隻幼犬。
至少有1隻是公的。
請問另1隻是母的機率？

◀ 提示在下一頁／解答範例在第 100 頁

Q43 的提示

8成的人會回答1／2。但這不是正確答案。

◀ 解答範例在第100頁

Q42的解答範例

即使是為了保護好朋友，也不該說謊。

此處示範面對這個問題時的思考方式之一。

哲學家康德認為，「不可說謊」的義務不會隨著時空變遷而改變。換言之，即使好朋友拜託你讓他藏匿，你也不應該說謊。

但如此一來似乎就太不近人情。因此哈佛大學的麥可・桑德爾提出另一個選項，面對上述問題時可以回答「他以前有來過。」這樣就不是說謊，因為朋友以前真的有來過你家裡。

Q44

這種交易是賺是賠

所謂賺錢是什麼——問題解決力

你花了800日圓購買一項商品。後來以900日圓賣出，又用1000日圓買回來，之後你又用1100日圓賣掉。你總共賺了多少錢？

◀ 提示在下一頁／解答範例在第102頁

Q44 的提示

或許你會想回答賺了100日圓，雖然並沒有錯，但不能說是最好的回答。

◀ 解答範例在第102頁

Q43的解答範例

2／3。

當有2隻幼犬時，性別有4種組合。

①公公
②公母
③母公
④母母

但這次問題的條件是至少有一隻是公的，所以排除④，剩下的選項中有母狗的機率是2／3。

Q45 真正的開關是哪一個？

確認看不見的東西——問題解決力

你手邊有3個開關。

其中1個是可以點燃隔壁房間火爐的開關，剩下2個則是毫無用處的假開關。

從你所在房間通往隔壁房間的門是關著的，所以你無法確認火爐是否有被點燃。而且當用真正的開關點燃火爐後，又按了別的開關的話，火爐就會熄滅。

你僅有1次進入隔壁房間的機會，你要如何從3個開關中分辨出能夠點燃火爐的開關呢？

◀ 提示在下一頁／解答範例在第104頁

Q45 的提示

重要的是運用1次機會進入隔壁房間的時機。

Q44的解答範例

損失200日圓。

本來，你花800日圓買的商品，是擁有以1100日圓賣掉的價值的商品。換言之，本來可以賺300日圓。

但是反覆買賣的結果，你僅僅賺了100日圓。

因此用本來可以賺的300日圓扣掉實際賺的100日圓，總共損失200日圓。

◀ 解答範例在第104頁

Q 46

竹莢魚群

生存的機率——問題解決力

竹莢魚基本上是群體行動，但也有少數喜歡單獨行動，而捕食竹莢魚的大型魚類，比起捕捉單獨的竹莢魚，更喜歡襲擊竹莢魚群。

如果以這個觀點思考，竹莢魚群聚的話不是會不利於生存嗎？因為比起單獨行動，群聚的話很有可能被掠食者襲擊。

但是，實際上比起單獨行動的竹莢魚，群聚的竹莢魚佔壓倒性的多數。請試著說明理由。

◀ 提示在下一頁／解答範例在第 106 頁

Q46 的提示

自然選擇的進化論已是定論，即使是乍看之下違反此說的現象，也要先找出實際上與定論沒有相互矛盾的解釋。

◀ 解答範例在第 106 頁

Q45的解答範例

先按第1個開關，等待數分鐘後，再按第2個開關，馬上進入隔壁房間。

按下第2個開關進入隔壁房間後，若火爐被點燃，就會知道第2個開關是真的開關。

如果火爐沒有被點燃，就試著用手靠近火爐看看。如果火爐是暖的，那麼第1個開關就是真的，火爐一直到剛才為止都是開著的。如果火爐是冷的，就會知道第1個和第2個開關都是假的，第3個開關才是真的。

Q 47

算出所有的整數

作為一切基礎的數字——數學的思考力

有一個整數X，可以計算的公式只有加法跟乘法。如X＋X＝2X、2X×X＝$2X^2$，可以對加法或乘法得出來的答案繼續進行加法或乘法，但是新加進去的數字也只能是X。

據說根據這個規則，可以算出所有的整數。整數X是什麼數字呢？

◀ 提示在下一頁／解答範例在第 108 頁

Q47 的提示

只用X進行加法與乘法，必須算出0或1。此外，負數也是整數的一種。

Q46 的解答範例

因為魚群被攻擊的頻率，與成群的竹莢魚數量相比之下並不算多。

竹莢魚群的個體數量多，所以即使被攻擊，能活下來的個體數量也多。另一方面，單獨行動的竹莢魚如果被攻擊的話就無法求助，生存機率的高低是從這角度切入的。

事實上，單獨行動的竹莢魚在「受攻擊的機率降低」的層面上來說，生存機率較高，但是比起「在群體中能避開攻擊的可能性較高」的生存機率來說，單獨行動的生存機率就顯得微不足道。

◀ 解答範例在第 108 頁

Q48 水會結冰嗎？

資訊的取捨與選擇——邏輯的思考力

有一對姊妹住在沙漠裡的綠洲。有一天，從寒冷地方旅行回來的姊姊說：「在氣溫低的地方，水會停止流動，變成堅固、半透明的塊狀。」

住在沙漠中的妹妹以前從來沒有看過冰，所以妹妹不相信姊姊的話，她認為這是無稽之談。以前她也不相信旅人說的噴火龍的故事，所以這次她也認為「自己還沒有笨到會相信這種事」。

這位妹妹的想法，在某個意義上來說明顯是錯的，但卻也可以說是對的，這是為什麼呢？

◀ 提示在下一頁／解答範例在第 110 頁

Q48 的提示

面對每天接觸到的資訊，我們並不是一個一個地判斷「是否正確」。

◀ 解答範例在第 110 頁

Q47的解答範例

-1。

雖然說到基本數字，我們會想像0或1，但0乘0或0加0都還是0。用1的加法雖然可以算出所有的正整數，但卻無法算出0或負整數，所以正解是「-1」。-1乘-1可得1，而1再加上-1，就能得出0。

Q49 應該死掉的男性

真的「知道」嗎——問題解決能力

有一天，A在超商排隊結帳，前面的男性的鑰匙掉在地上。A看見他的鑰匙圈是小貓造型。

隔天，A目擊一起殺人事件，倒在地上的是昨天在超商遇見的男性，他的身上插有刀子，沒有看到犯人。A和警察說：「我所知道的只有這個男性昨天出現在超商，還擁有一個小貓造型的鑰匙圈。」

再隔一天，在同一個超商裡，A差點尖叫出聲，因為他看到一位和死去的男性長得一模一樣的男子。那位男子說：「你把我和雙胞胎弟弟搞混了。」男子一邊拿著小貓造型的鑰匙圈一邊說明：「母親讓我們倆兄弟帶一樣的鑰匙圈。」

A在那以後，就十分煩惱自己的行為。這是怎麼回事呢？

◀ 提示在下一頁／解答範例在第 112 頁

Q48的解答範例

作為資訊取捨與選擇的合理方法，妹妹的判斷是正確的。

近幾年頻繁出現「詐騙簡訊」。內容像是「恭喜您獨得○○萬日圓」、「輕鬆就能獲取暴利的投資法」等等，幾乎完全不用考慮就知道是詐騙。面對這些資訊，沒有時間一個個確認「是真的嗎」，合理的做法就是全部無視。或許裡面真的有可以賺錢的內容，但是視這些訊息都是詐騙的判斷可說是正確的。

聽了姊姊的話後，妹妹的判斷也是一樣的。對她來說水結冰和噴火龍一樣都是很難相信的故事，僅有姊姊1個人這樣說是無法相信的。這種判斷就跟我們不斷無視詐騙簡訊是一樣的道理。

Q49的提示

A是「知道」了什麼？

◀ 解答範例在第112頁

Q 50

騙子的話

有一位騙子說道：

「騙子一定會說謊。」

這個發言是真實的嗎？

真實與謊言的矛盾——邏輯的思考力

◀ 提示在下一頁／解答範例在第 114 頁

Q50的提示

在思考是否為真的同時，也思考是否是謊言。

Q49的解答範例

A煩惱的是，他和警察說他「知道」男性曾出現在超商，並持有小貓造型鑰匙圈的這件事情是否是正確的。

A不知道男性是雙胞胎，和別人有一樣的鑰匙圈。但即使死掉的男性與前一天在超商看見的男性不是同一個人，A和警察描述的內容也不會有差異。

許多哲學家會主張知識有3項條件，一是相信那是真實的、二是相信的東西是真實的、三是用許多方法證明自己認為的真實。假設真的是同一位男性，但若沒有確切的理由，即使A如此相信，那也不能說是知識。

◀ 解答範例在第114頁

Q 51

是誰殺了想要自殺的人

時光機的悖論——問題解決力

A想要自殺。雖然他有這個願望，但他卻連自殺的力氣都沒有。

因此A乘坐了時光機回到5分鐘前的世界，將5分鐘前的A殺害。

可以說A自己殺了5分鐘前的A嗎？

◀ 提示在下一頁／解答範例在第 116 頁

Q51 的提示

請試著整理時序。實際在手邊的紙上寫出使用時光機的A的行動，就能簡單地整理出頭緒。

◀ 解答範例在第 116 頁

Q50 的解答範例

不能說是謊言也不能說是真實。

騙子的發言若為真，那麼騙子自己說「騙子一定會說謊」就為真，與發言的內容互相矛盾。

但是，若「騙子一定會說謊」為謊言，代表騙子會說真話，又互相矛盾。

Q52

所謂的自由意志

選擇需要理由嗎——邏輯的思考力

你的眼前有2支無論形狀、大小還是顏色都完全一樣的筆。

你從2支筆裡面，拿起你比較喜歡的那支。

你能合理地說明你選擇那支筆的理由嗎？

◀ 提示在下一頁／解答範例在第118頁

Q52的提示

這個問題不一定要是筆。你可以實際嘗試將2個大小、形狀都相同的東西擺在眼前，伸手拿喜歡的那個藉以思考。

◀ 解答範例在第118頁

Q51的解答範例

5分鐘後的A要殺死5分鐘前的A是不可能的。

如果A被5分鐘後的A殺害了，那麼5分鐘後的A就已經在5分鐘前被殺害了，不可能存在。

因為有這種矛盾存在，所以即使有時光機，也無法將過去的自己殺害。

Q53 誰是「好人」

行為動機與道德——邏輯的思考力

有一個地方，有一位提著看起來很重的行李的老人。A和B在這種狀況下，同樣都曾幫助過老人提行李。但是他們的動機卻完全不同。

A的行為是純粹自發性的。他看到別人受苦，就會毫不猶豫地幫助他。朋友們雖然尊敬A，但同時也擔心她，朋友會問：「你看到別人乞討就給錢，但如果他拿那個錢去買毒品怎麼辦呢？」

另一方面，大家都覺得B是冷漠的女性。她除了思考對方的狀況與自己的義務外，還會思考幫助是不是正確的，有了結論後才會幫助他人。

那麼，A與B誰才是比較有道德的人呢？

◀ 提示在下一頁／解答範例在第 120 頁

Q53 的提示

若將道德定義為「從事正確的行為」的話，該如何思考這題呢？

◀ 解答範例在第 120 頁

Q52 的解答範例

無法合理的說明為何選擇那支筆。

請試著實際將2支相同的筆擺在桌上。如果你想拿放在右邊的筆，你能說明你拿右邊的筆的理由嗎？你大概只能說出「不知為何就想拿右邊的筆」吧。

換言之，雖然人類被認為下決定時擁有自由意志，但事實上，下決定時並不一定真的有「意志」。

Q54

幻想空間的人生

被約定好的幸福——想像力

有一位男子煩惱著眼前的抉擇，他煩惱的是該選擇2種未來的哪一種。

男子夢想成為一位成功的演員。第1種未來是前途黯淡，實現夢想的希望渺茫。第2種未來則是不必辛苦與努力，就保證能成為有名的演員，過著幸福的人生。

但是，第1種選項是現實世界的未來，而第2種選項則是「幻想空間」中的未來。在幻想空間中，所有感覺都和現實世界一樣，一旦進入裡面，自己就不會察覺到這是幻想空間，能在那裡幸福地過著理想人生。

即使如此男子仍然很煩惱。請試著從這個事例思考「人生」與「幸福」。

◀ 提示在下一頁／解答範例在第 122 頁

Q54的提示

男子徬徨的理由，是因為幻想空間中的人生不是真實的。但是，為何他會覺得比起非現實的人生，不只有幸福也充滿不幸的真實人生會比較好呢？

◀ 解答範例在第122頁

Q53的解答範例

B比A更有道德。

像A這樣的人，我們多半會形容她「親切」、「寬容」。另一方面，應該不會覺得B也是同樣親切的人。

但是如果將道德思考成「從事正確的行為」的話，就沒有稱讚A的理由。如同A友人所擔心的，A比B更容易做出錯誤的行為。

此外，還有一個理由證明B更具道德感，因為B儘管沒有與生俱來的同情心，但仍然做出善良的舉動。相較於A的善良不需要努力，B的善良可說是用人類的意志戰勝天生的個性。

Q 55

搭乘電梯的男子

為了上樓——問題解決力

有一個男子住在公寓大廈的20樓。他進出家門都會使用電梯。

當他出門時，他會坐電梯到1樓，但當他回家時，他只會坐到15樓，然後再走樓梯到20樓。

明明男子討厭爬樓梯，為何他只搭到15樓呢？

◀ 提示在下一頁／解答範例在第 124 頁

Q55 的提示

男子若要搭電梯到20樓，他必須做什麼？

◀ 解答範例在第124頁

Q54的解答範例

人類在思考最好的人生時，並不認為只要有幸福就好了。

住在現實世界的人，會對想要捨棄現實世界的人說：「實際點！」但是我們現在所住的世界，只不過是由自身經驗累積而成的。對男子來說，幻想空間中的成功人生，並不輸給現實世界的成功，一樣可以得到金錢、名譽和名聲。

儘管如此，他仍然不想進入幻想空間，因為他認為自己的未來應該要用自己的意志和努力來決定。當我們在思考對自己來說什麼是最好的時候，並不是認為只要能夠幸福就好了。

Q56 沒有拿到玉匣的浦島太郎

幸運的機率——數學的思考力

浦島太郎出發尋找龍宮。成功抵達龍宮的機率是20％，抵達龍宮後，拿到玉匣的機率是80％。

浦島太郎沒有拿到玉匣就回來了。

在這個狀況下，浦島太郎去了龍宮的機率是？

◀ 提示在下一頁／解答範例在第 126 頁

Q56 的提示

分3個層面思考會比較容易理解：①沒有抵達龍宮的情況、②抵達龍宮沒有拿到玉匣的情況、③抵達龍宮拿到玉匣的情況。

Q55的解答範例

因為男子很矮。

因為他很矮，所以他只能按到15樓的按鈕。下樓的時候則能按到1樓的按鈕。

◀ 解答範例在第126頁

Q57 選擇100日圓硬幣的男子

裝傻的理由——問題解決力

某個村莊有一位出名的男子。村民們都認為那男子是笨蛋。

若是拿出閃亮的100日圓硬幣或縐巴巴的1000日圓紙鈔讓男子選擇，他一定會選100日圓硬幣。村民們總是如此捉弄這位男子然後嘲笑他。

但是，事實上他絕對不是笨蛋。那麼他為何不拿有10倍價值的1000日圓紙鈔，而是選擇100日圓硬幣呢？

◀ 提示在下一頁／解答範例在第 128 頁

Q57 的提示

男子知道要怎麼做自己才能獲得最大的利益。

◀ 解答範例在第 128 頁

Q56的解答範例

1／21。

我們假設有25人出發尋找龍宮。

在這個情況下，抵達龍宮的有5人（20％），其中沒有拿到玉匣的是1人（因為拿到玉匣的機率是80％）。

沒有拿到玉匣就回去的，有無法抵達龍宮的20人，以及去了龍宮卻沒拿到玉匣的1人，總共是21人。其中有去龍宮的是1人，所以是1／21。即使改變假設的人數，算出來的結果也不會改變。

Q 58

朝向你的槍口

逃出末路——邏輯的思考力

有一位男子，將槍口對準你然後說道：

「給你一個機會。如果你猜到我現在要做什麼，我就不殺你。如果你猜錯了，我就馬上開槍。來猜吧。」

你講了一個答案後，男子就逃走了。那個答案是什麼呢？

◀ 提示在下一頁／解答範例在第 130 頁

Q58 的提示

因為男子自己設定的規則「猜對行動就不殺你」有矛盾的地方，所以他什麼也不能做，混亂之下只能逃走了。

Q57 的解答範例

如果選擇100日圓硬幣，村民們就會一直給他錢。

男子知道只要他一直選擇100日圓硬幣，村民們覺得有趣，就會一直給他100日圓硬幣。

如果他選了一次1000日圓紙鈔，那麼就不會再有第二次了。因為他明白這件事情，才會為了不斷拿到錢一直裝傻。

◀ 解答範例在第130頁

Q 59

「昨天」和「今天」

質疑語言——邏輯的思考力

「昨天，在一天前是今天。」

在某個意義上這句話是錯的。請試論為何錯誤。

◀ 提示在下一頁／解答範例在第 132 頁

Q59 的提示

請仔細分辨「昨天」和「今天」2個詞彙的定義。

Q58的解答範例

「你要殺了我。」

當這樣回答時，如果男子殺了你，那就與他自己「猜對行動就不殺你」的規則產生矛盾。

另一方面，如果不殺你，但你的回答並沒有猜對的話，那就又產生矛盾。因此他變得什麼也無法做，只能逃走了。

◀ 解答範例在第 132 頁

Q 60

6本書的排法

整理模式——數學的思考力

有6本不同的書A、B、C、D、E、F。將這些書放到書架上時，有幾種排法呢？但是，A一定要放在比B左邊的地方。

◀ 提示在下一頁／解答範例在第 134 頁

Q60的提示

雖然有一個個數的辦法，但請思考更簡單的計算方式。先不要考慮A和B的位置條件，單純計算有幾種排法後，再減掉B比A左邊的排法就好了。

◀ 解答範例在第134頁

Q59的解答範例

昨天不可能等於今天。

假設今天是10月5日星期四。昨天是10月4日星期三，也只能是10月4日星期三。即使時間回溯24小時，也不會是今天（10月5日星期四）。

Q61 一起招供的共犯

應該避免的結果——問題解決力

A和B被視為某起事件的嫌疑犯而被逮捕，他們分別在不同的房間裡接受調查，2人都不招供。因此檢察官想出一個計謀。

「A，如果你們2個都持續沈默，2個人都會被判處2年有期徒刑。但是若你現在招供，B依然沈默的話，我就釋放你，判處他10年有期徒刑。相反的，若是B招供，你保持沈默的話，那我就釋放B，判處你10年有期徒刑。如果你們2人都招供的話，2個人都會被判處6年有期徒刑。如何？」

檢察官和B也講了同樣的話。

2個人煩惱了很久，最後各自給出答案，確定了刑期。2人各自被判處6年有期徒刑。為何會變成這樣呢？

◀ 提示在下一頁／解答範例在第136頁

Q61的提示

設想自己是A，分別思考B沈默或B招供的情況。

◀ 解答範例在第136頁

Q60的解答範例

有360種排法。

最左邊能放的書有6本，換言之就是6種排法，決定了最左邊後，從左數來第2個位置有5種排法，決定好從左邊數來第2個位置後，其右又有4種排法……。以此類推，總共有6×5×4×3×2×1＝720種排法。

其中有一半的排法B會比A左邊（A在左邊的時候，B在其右邊的排法有5種，A在從左數來第2個位置時，B在A右邊的排法有4種、在A左邊的排法有1種，A在從左數來第3個位置時，B在A右邊的排法有3種、在A左邊的排法有2種……以此類推就會明白）。

換言之，答案就是720÷2，360種排法。

Q62 忒修斯之船

懷疑「相同」——想像力

在希臘神話中登場的英雄忒修斯所乘坐的船被稱為「忒修斯之船」。這艘船經歷漫長歲月，不斷被人用新木材汰換舊木材，好好地保存著。

歷經無數次修補的結果，這艘船最初所使用的木材已全部都被汰換成新木材了。

見到這個狀況的雅典人，重新利用了汰換下來的木材，做了一艘和忒修斯之船一模一樣的船。

那麼，「用新木材汰換的忒修斯之船」與「用和忒修斯之船相同的木材做成的第2艘忒修斯之船」哪個才是真正的忒修斯之船呢？

◀ 提示在下一頁／解答範例在第 138 頁

Q62 的提示

所謂「真正的忒修斯之船」，意指要和原來的忒修斯之船「相同」。這種時候，如何定義「相同」，就會造成不同的回答。

◀ 解答範例在第 138 頁

Q61的解答範例

因為最重要的是避免最壞的結果。

以A的立場來看，如果B沈默而自己招供的話就會被釋放，如果自己也沈默的話，就會被判處2年有期徒刑。只考量到自身的話招供比較好。

如果B招供而自己沈默的話，則會被判處10年有期徒刑，如果自己也招供的話則是6年有期徒刑。換言之，招供的話可以避免最壞的結果。

而且，比起最後只有自己被判10年有期徒刑，2個人都被判6年還比較好。

再者，如果自己招供而B沈默的話，就可以被釋放了。

A、B都是一樣的想法，所以都選擇了招供。

Q63 電視的詛咒

股價和節目——想像力

禮拜五播出，然後會影響禮拜一股價的節目是什麼？

◀ 提示在下一頁／解答範例在第 142 頁

Q63的提示

試著思考不定期會在禮拜五播出的節目吧。有沒有節目會傳達反對「金錢」或「經濟」的訊息呢？

Q62的解答範例

所謂真正的忒修斯之船，若被定義為要和原本的船有「相同功能」的話，用新木材蓋成的船才是真正的忒修斯之船。若用「相同價值」定義的話，則用老舊木材蓋成的船才是真正的忒修斯之船。

可以用「同一班電車」作為類比。我們會說「每天早上都搭同一班電車去上班」，這種狀況下，即使是不同型號的電車，只要功能和達成目的的能力相同，就會被視為是「同一班電車」。從相同的角度來思考的話，為了保有「相同功能」而不斷翻修的新船，可被視為是真正的忒修斯之船。

另一方面，如果有考古學家想要調查這艘船，比起新船，用與原本船隻相同材質的復原船更有研究的價值。對於追求「相同價值」的考古學家來說，復原的船隻才是真正的忒修斯之船。

◀ 解答範例在第142頁

第3章

難易度★★★的思想實驗

Q64

保羅・魏斯的思想實驗

什麼改變了——想像力

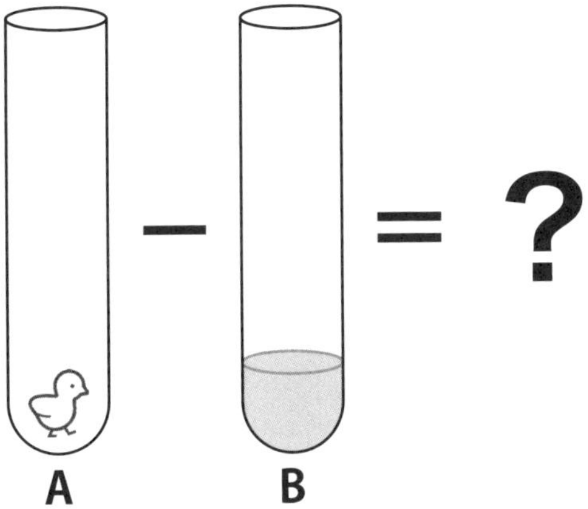

如圖例所示，將小雞放入試管中，徹底搗碎。

然後就會得到由被搗碎的小雞而來的液體。

當小雞從A變化成B時，失去了什麼東西呢？

◀ 提示在下一頁／解答範例在第 144 頁

Q64 的提示

或許有人會認為是小雞的生命與人的道德心等。雖然這些回答都沒有錯，但這裡請從倫理以外的觀點思考。

Q63的解答範例

吉卜力工作室製作的電影。

一般認為，若播送吉卜力工作室製作的電影，極有可能會讓禮拜一開市的東京金融市場的股價出現動盪。

吉卜力的作品中，有許多作品隱含著重視其他價值觀而非經濟價值觀的訊息，而這種訊息被認為會造成影響，但至於真相還沒有定論。

這屬於還沒有合理解釋的現象，所以投資家與專家的意見也有分歧。

◀ 解答範例在第 144 頁

Q 65

中文的房間

根據手冊判斷——邏輯的思考力

你完全不懂中文。看到用中文寫成的文章，就像是看到用「●★◆●」的符號寫成的一樣。

你被關在一個房間中。在被關的期間，從房間的小窗會送來紙條，紙條上用中文寫著要問你的問題。房間中事先有準備好一本手冊，你的工作就是一邊確認手冊的內容，一邊用中文回答中文的問題，然後將紙條送到房間外。

房間外的人，看不到你看手冊的樣子，外面的人認為你是懂中文的人。

那麼，你真的懂中文嗎？

◀ 提示在下一頁／解答範例在第 146 頁

Q65的提示

如果你是將手冊默背起來，用手冊範圍內的中文和房間外的人對話的話，又是如何呢？即使這樣答案會改變嗎？

◀ 解答範例在第146頁

Q64的解答範例

A小雞失去的是生物組織。

即使小雞被搗碎，從A變成B，質量上並沒有產生變化。因此無法說A小雞與B液體之間，在物質上有產生變化。

那麼失去的是什麼呢？失去的是小雞作為生物生存所必須的構造，也就是「生物組織」。

小雞失去了內臟、四肢、腦和細胞等生物組織，所以也就無法走路、吃飼料或維持生命，因此可以說喪失了作為生物的機能。

Q66 任意門的構造

「我」的條件——想像力

國民動畫《哆啦A夢》中有一種道具「任意門」。只要念著目的地，打開這看起來像是單扇門的道具，就能到達目的地。

一般認為這不可思議門的構造，是在使用者打開門扉的瞬間，將使用者的肉體分解成分子大小，然後於放置在目的地的門中再度組合分子。

那麼，此處就產生一個疑問。如果人類分解成分子當然就無法存活，也就是說儘管任意門的使用者已經死過一次，但到了目的地後又能變成人從門走出來。

這種時候，穿越任意門前與穿越任意門後的使用者是同一個人嗎？

◀ 提示在下一頁／解答範例在第 148 頁

Q66 的提示

通過任意門的人，不知道自己曾被分解成分子，但通過後認為自己保有同樣的人格與記憶。

◀ 解答範例在第 148 頁

Q65 的解答範例

你不能說是懂中文。

這個問題和人工智慧（ＡＩ）的討論是相同的。能夠回答人類問題的電腦看起來也像懂語言，但它只是按照程式的指令在執行而已，並不能理解內容。沒有程式就無法和人類對話。

若只是將手冊默背起來，用手冊中的內容和他人對話的話，被用中文侮辱時也不會生氣，原本必須好好考慮的事情也會不小心馬上回答出來。換言之，即使知道怎麼用語言回答，但卻無法用正確的行動回應接受到的語言。

Q67 最有幫助的問題

創造未來的想像——想像力

請試著舉例「世界上最有幫助的問題與回答」。

◀ 提示在下一頁／解答範例在第 150 頁

Q67的提示

比起回答，問題更重要。

Q66的解答範例

以人格為基準的話，通過任意門的人，已經不是通過任意門前的人了。

這個問題有各種解釋，端看你是用物質的肉體是否相同，還是用精神是否相同作為「同一個人」的定義。

解答範例是以人格為基準。如果以「我是我」的人格作為思考的重點，通過任意門的使用者因為被分解成分子，喪失了一次人格，所以與使用任意門前的人格相比，重新組合的使用者擁有獨立人格。通過任意門的使用者改變了人格，可以說變成了別人。

◀ 解答範例在第150頁

Q68

佛陀與異教徒

什麼是開悟——想像力

異教徒問佛陀：

「不用語言表達，卻也不是沈默的東西是什麼？如果是佛陀的話應該能夠回答吧？」

佛陀聽完後只是靜靜地坐著。

然後異教徒顯得很高興地說：

「我知道開悟是什麼了，謝謝。」他向佛陀行禮後離去。

異教徒為何感謝佛陀呢？

◀ 提示在下一頁／解答範例在第 152 頁

Q68的提示

當被說「能夠回答」時，該做什麼才好呢？請以自身想成佛的想法來思考。

Q67的解答範例

「確實能讓景氣變好的方法」、「（回答）」或是「無論什麼公司，創業後能立即上市的方法」、「（回答）」等等。

其他還有像是「什麼癌症都能治療的方法」、「（回答）」或是「終止世界上的戰爭的方法」、「（回答）」等等。

只要是人類還不能解決的問題與其回答，都能成為實例。

◀ 解答範例在第152頁

Q 69 牛丼變便宜的理由

將沒關聯的要素結合——邏輯的思考力

因為HIV蔓延，所以牛丼變成150日圓。

請思考理由。

◀ 提示在下一頁／解答範例在第154頁

Q69 的提示

請階段式思考，找出連結HIV和牛丼的要素。

◀ 解答範例在第154頁

Q68的解答範例

因為靜靜坐著而開悟的佛陀使他深受感動。

異教徒想要為難佛陀，所以只給祂「說話」與「沈默」2個選項。但是佛陀展現了與這2個選擇都不同的選項。無論是「說話」還是「沈默」都是以「自我」為前提。

佛陀卻讓他看到「無我」的覺悟，展現第3個選項。

Q70 適當的勞動報酬

所謂沒有價值的工作——問題解決力

有一份工作被發包出來，工作內容為洗石川縣全部的玻璃窗。你該要求多少報酬呢？

◀ 提示在下一頁／解答範例在第 156 頁

Q70 的提示

先調查石川縣的地區特色和清洗玻璃窗的工作特性。

◀ 解答範例在第 156 頁

Q69 的解答範例

HIV 蔓延的結果，造成能夠預防HIV的保險套大賣，橡膠的需求增加，牛丼連鎖店在橡膠生產地東南亞展店。

如同「只要吹大風，木桶就會大賣（蝴蝶效應）」的俗諺，乍看之下沒有關聯的事物，若順著邏輯思考下去就能找到關係。

如果HIV蔓延，那麼能夠預防HIV的保險套的需求就會增加。東南亞作為保險套原料橡膠的生產地，經濟就會急速成長。且作為海外戰略的一環，牛丼連鎖店會進入市場活絡的東南亞，並配合當地的物價將一碗牛丼的價格設定為150日圓。

Q 71 你是魔術師

誘導他人的心理——想像力

假設你是一位魔術師，而且會以下這項魔術。

首先，準備好手帕、太陽眼鏡、原子筆和硬幣。你將其中一項物品的名字寫在紙上，將紙對摺起來交給觀眾，然後指示觀眾不要打開紙條，並將紙條放入口袋裡。

然後讓觀眾從4樣物品中選1樣，例如觀眾選擇了原子筆，就指示他打開口袋中的紙條，紙條上就會寫著「你選擇了原子筆吧」。

執行這項魔術的簡單方法是什麼呢？

◀ 提示在下一頁／解答範例在第 158 頁

Q71 的提示

不需要什麼特殊的道具，而且也不用突然叫觀眾「從4樣中選1樣」。

Q70的解答範例

不需要報酬，而且要拒絕洗玻璃窗的工作。

石川縣一年的降雨天數為174天（2015年的記錄）。也有一些年將近200天，等於1年有一半的時間都在下雨。

換言之，因為什麼都不用做，雨水就會清洗玻璃窗，所以洗玻璃窗的工作不需要報酬，而且承包的話只會做白工，所以拒絕是聰明的判斷。

◀ 解答範例在第 158 頁

Q72

東京都內自動販賣機的數量？

推算不知道的事情──邏輯的思考力

你擁有東京都內的1台自動販賣機。

你所擁有的自動販賣機每賣出1罐120日圓的飲料，就可以賺24日圓。1個月的電費是4000日圓，每個月的利潤是1萬日圓。

那麼，東京都內的自動販賣機有幾台？

◀ 提示在下一頁／解答範例在第160頁

Q72 的提示

東京都的人口約1300萬人，推測每日利用自動販賣機的消費者的動向是此題的重點。請試著使用「帕累托法則（前20%的顧客佔了80%的營業額）」思考這題。

Q71的解答範例

一開始從4個裡面選2個，再從2個裡面選1個。

首先，在紙上寫的物品可以是任一樣。如果寫的是原子筆，就讓觀眾從4樣物品裡面挑2樣交給魔術師。此時，若原子筆留在觀眾那裡，就把觀眾那裡的2樣物品當做是觀眾「選擇」的東西留在場上。如果觀眾把原子筆交給了魔術師，就把交過來的2樣物品當做是觀眾「選擇」的東西留在場上。同樣的，再讓觀眾從剩下的2樣物品中挑1樣交給魔術師。若原子筆留在觀眾那裡，就把那樣物品當作是觀眾「選擇」的東西；若觀眾把原子筆交給了魔術師，就把原子筆當作是觀眾「選擇」的東西。

如此一來，無論如何都會讓觀眾以為他「選擇」了原子筆。

◀ 解答範例在第160頁

Q73

3位囚犯

自己的貼紙是什麼顏色——邏輯的思考力

有3位囚犯得到被釋放的機會，以下為條件。

——有3張白色貼紙、2張黑色貼紙。每個人的背上分別被貼了這5張貼紙的其中1張。囚犯無法直接看到自己的貼紙，也沒有鏡子，能看到的只有除了自己以外其他2人的貼紙，彼此也不能說出自己看見的貼紙顏色。知道自己貼紙顏色的人，就可以打開門走出牢房。但是為了被釋放，必須有條理地說明自己被貼的貼紙是什麼顏色以及為什麼是這個顏色。——

3位囚犯雖然沒有人馬上打開門，但在短暫的思考後，3人同時打開了門，並且解釋了自己貼紙的顏色，他們是怎麼回答的呢？

◀ 提示在下一頁／解答範例在第 162 頁

Q73 的提示

能想到的組合有（白・白・白）、（白・白・黑）、（白・黑・黑）3種。若是（白・黑・黑），那被貼白色貼紙的囚犯馬上就能知道自己的顏色，所以可先將此組合剔除。在剩下的2種組合中，若自己是白色貼紙其他2人會如何行動？若自己是黑色貼紙其他2人又會如何呢？

◀ 解答範例在第 162 頁

Q72的解答範例

可以推算約16萬台。

用東京都的自動販賣機1個月可以賣出去的飲料數，除以你的自動販賣機1個月可以賣出去的飲料數，就能推測出東京都自動販賣機的數量。

首先，你的自動販賣機能賣出去的飲料數可從（1個月的利潤＋電費）除以1罐的利潤得知，大約是583罐。接著計算東京都的自動販賣機可賣出的數量，據說2成消費者的營業額可佔總營業額的8成，這裡使用帕累托法則（2比8）。我們假設全東京都市民有2成人口是每天購買飲料的消費者，也就是260萬人。那麼260萬人×30天＝7800萬罐，而這佔了總營業額的8成，所以總營業額是9750萬罐。9750萬罐÷583罐＝約16萬台。

Q 74

帽子的顏色

站在他人的立場思考——邏輯的想像力

延續前一題，相似的問題還有1個。

A、B、C、D共4人在1個房間裡。4個人裡，有2個人戴紅色帽子，2個人戴白色帽子，他們都不知道自己戴著什麼顏色的帽子。

其中A被隔開在和其他3人不同的地方。

剩下的3人站在樓梯上，從上到下的順序分別是D、C、B。

在誰都不能往後看的條件下，第一個知道自己帽子顏色的是誰呢？第一個知道的人，要用全部人都聽得到的聲音說出來。

此外，B、C的帽子顏色不同。

◀ 提示在下一頁／解答範例在第164頁

Q74 的提示

利用圖解分析將4人的狀況畫在紙上，看似複雜的說明也能簡單地理清。

◀ 解答範例在第164頁

Q73的解答範例

「自己的貼紙是白色的。」

假設囚犯為A、B、C，將自己設想為A。

首先，假設自己（A）是黑色貼紙（白・白・黑的組合）。然後你看到剩下的2個人是1白、1黑。這個時候B、C會怎麼想呢？B的話會想說：「如果我也是黑色的，那C看到2個黑色的應該會馬上行動。但他沒有動，表示我是白色的。」此時B應該會馬上走向門口，同樣C應該也是這樣想的，但是2個人都沒有動，因此自己（A）的貼紙顏色不是黑色。

Q75 恐嚇與酒駕的不同

合法＋合法＝違法？——想像力

酒駕是喝酒這項合法行為＋開車這項合法行為，組合起來就變成了違法行為。

恐嚇的組合則是要求金錢的合法行為，加上舉發對方不法行為的合法行為。

無論哪種，都是2個合法行為相加就變成違法行為。那麼，酒駕和恐嚇的差別在哪裡？

◀ 提示在下一頁／解答範例在第 166 頁

Q75 的提示

有不違法的酒駕嗎?同樣的,有不違法的恐嚇嗎?

◀ 解答範例在第 166 頁

Q74的解答範例

C。

A和B因為看不到別人的帽子,所以排除。

剩下的2人內,首先是D,D可以看見B和C的帽子。如果這2人的帽子是白色的,那麼根據「2人紅色、2人白色」的規則,他就可以知道自己的帽子是紅色的。但是B和C的帽子顏色不同,所以D還是不知道自己帽子的顏色。

以C的角度來看,他只看得到位於自己前方的B的帽子。C的帽子如果和B一樣的話,看到C和B帽子的D馬上就會知道自己的帽子顏色而大聲喊出來才對,但是因為D沒有大喊,所以C知道自己帽子顏色和B不同,因此在這個狀況下,C可以喊出自己的帽子顏色和B不同。

Q 76

論證需要的材料

權威是正確的嗎——邏輯的思考力

「A就是B。因為●●這樣說。」請試著舉出權威所說的理論不成立的例子。

◀ 提示在下一頁／解答範例在第 168 頁

Q76的提示

日常生活中，也常出現「電視這樣說」的對話吧。但那個資訊一定是正確的嗎？

◀ 解答範例在第168頁

Q75的解答範例

恐嚇必須有將2個行為連結的條件。

只要是「在喝酒的狀態下開車」，酒駕一定是違法行為。

但如果你說「我要將你做的壞事公開！啊，和這個無關，我要你給我100萬日圓。」的話，這2種行為是不同的，在理論上不構成恐嚇（實際上法律有別的解釋）。

換言之，恐嚇是「如果你不想讓自己做的壞事被公開，就給我100萬日圓。」需要有將2個行為連結在一起的條件。

Q 77

4種蛋糕

可能和不可能——數學的思考力

這是一間小學發生的事。因為食堂的錯誤，本來要給全部人相同的蛋糕，卻變成好幾個種類的蛋糕。

結果有90%的小孩拿到水果蛋糕、80%的小孩拿到栗子蛋糕、70%的小孩拿到巧克力蛋糕、60%的小孩拿到牛奶蛋糕。

這間小學有幾%的小孩可吃到蛋糕？

此外，雖然小孩可以吃到一個以上的蛋糕，但沒有小孩能吃到全部種類的蛋糕。只有這4個種類的蛋糕。

◀ 提示在下一頁／解答範例在第 170 頁

Q77 的提示

沒有孩子能吃到全部4種蛋糕，意味著不管是誰都至少有1種沒吃到。

Q76的解答範例

根據的權威很弱、或是碰到相同領域的權威。

這句話成立的狀況，像是「重力是存在的，因為牛頓這樣說。」因為在某個領域的權威已經確立了論證。

另一方面，不成立的狀況像是依據的權威原本就很薄弱，如「地球是圓的，因為學校這樣教。」或者是遇上相同領域的權威，像是「量子力學是錯的，因為愛因斯坦這麼說（量子力學在專家的意見中多有分歧）。」

◀ 解答範例在第170頁

Q78 猜數字遊戲

能夠想出的最佳解——數學的思考力

有一個遊戲如下。

讓100位玩家從0~100中選出喜歡的數字，然後交給裁判。自己選的數字別的玩家不會知道，裁判把收集到的100個數字平均起來，得出X，再乘上0.9，得出Y。

哪位玩家一開始選的數字最接近Y就可以獲得獎金。

如果要參加這個遊戲，該選哪個數字比較好呢？

◀ 提示在下一頁／解答範例在第 172 頁

Q78 的提示

花點時間仔細思考一下。直覺判斷的話，0~100的平均是50，再乘上0.9是45，但需要再仔細想一下。

Q77的解答範例

100%。

首先思考「無法吃到」各種蛋糕的機率。無法吃到水果蛋糕的小孩是10%、無法吃到栗子蛋糕的小孩是20%、無法吃到巧克力蛋糕的小孩是30%、無法吃到牛奶蛋糕的小孩是40%，總共為100%。

如果有小孩無法吃到的蛋糕種類在1個以上，那就代表有人能吃到全部4種（假設有100位小孩，「無法吃到的蛋糕數量」共為100個，若種類出現重複，就拿走其他人「無法吃到的蛋糕」）換言之，1位小孩吃不到的蛋糕只有1種，全部的小孩都有蛋糕可吃。

◀ 解答範例在第172頁

Q79 從火災中逃生的男子

反過來利用危機——想像力

在一座面積往東西延伸的島上，有1位男子。最近由於持續日曬，導致草木乾燥。

突然在島的東邊發生火災，強風從東邊吹向西邊，火勢隨著風向移動，逼近男子。島上是一片草原，沒有可以避難的場所，島的四周海域充滿鯊魚，也無法跳海求生。

但是男子平安地活了下來。男子是怎樣避開火災的呢？

◀ 提示在下一頁／解答範例在第 174 頁

Q79 的提示

男子擁有一根火柴。

◀ 解答範例在第 174 頁

Q78的解答範例

0。

假設全部的人都選擇１００，Ｘ就是１００、Ｙ是90。換言之，正解最多是90。那麼應該不會有玩家選超過90的數字。

那０~90的平均值是45，乘以０．９為40．５，所以應該選這個數字嗎？不，這裡還需要再思考一下。

我們剛才已經知道不會有人選超過90的數字了。那麼如果全部的人都選擇正解中會出現的最大數字90的話會如何呢？90乘以０．９是81，所以正確答案會落在０~81之間，那麼全部的人都選81的話……如此反覆思考下去，答案就是０。

Q 80

思想實驗的價值

思考的意義——想像力

多數的思想實驗都是設定特定的條件激發人們思考，極度簡化許多現實中不可能發生的條件。

思想實驗因為無法在現實中執行，所以就沒有價值了嗎？進行思想實驗的價值是什麼呢？

◀ 提示在下一頁

Q80 的提示

這個問題沒有解答範例。我們能夠透過思想實驗得知各種理論或思考方法，讀者可以用書本或網路搜尋思想實驗，找出專屬自己的思想實驗的樂趣。

Q79 的解答範例

男子將自己所在的西側草原點燃。

男子背對吹過來的火勢，將西側草原點燃，因為強風，所以火勢像要逃離男子般的蔓延。而男子則像是要追那火般，走在燃燒殆盡的草原上。當原來的大火燒到男子原本所在的地方時，會因為西側的草已經燃燒殆盡所以無法繼續蔓延，男子因此得救。

參考文獻 ※沒有按照順序

『哲学的な何か、あと科学とか』飲茶／二見書房
『邏輯的思考力を鍛える33の思考実験』北村良子／彩図社
『100の思考実験』ジュリアン・バジーニ（著）、向井和美（翻訳）／紀伊國屋書店
『頭の中は最強の実験室』榛葉豊／化学同人
『思考実験 世界と哲学をつなぐ75問』岡本裕一朗／筑摩書房
『13歳からの思考実験ノート 自分で考えるための61の練習問題』小野田博一／PHP研究所
『心理パラドクス―錯覚から邏輯を学ぶ101問』三浦俊彦／二見書房
『ポール・スローンの思考力を鍛える30の習慣』ポール・スローン（著）、黒輪篤嗣（翻訳）／二見書房
『ポール・スローンのウミガメのスープ』ポール・スローン、デス・マクヘール（著）、クリストファー・ルイス（翻訳）／エクスナレッジ
『図解 眠れなくなるほど面白い 物理の話』長澤光晴／日本文芸社
『いま世界の哲学者が考えていること』岡本裕一朗／ダイヤモンド社
『超図解「21世紀の哲学」がわかる本』中野明／学研プラス
『時間の正体 デジャブ・因果論・量子論』郡司ペギオ‐幸夫／講談社
『「不思議の国のアリス」の分析哲学』八木沢敬／講談社
『数学者の哲学＋哲学者の数学―歴史を通じ現代を生きる思索』砂田利一、長岡亮介、野家啓一／東京図書
『パラドックスの扉』中岡成文／岩波書店
『ロジックの世界 邏輯学の哲人たちがあなたの思考を変える』ダン・クライアン、シャロン・シュアティル、ビル・メイブリン（著）、田中一之（翻訳）／講談社
『哲学のメガネ』三好由紀彦／河出書房新社
『まだ科学で解けない13の謎』マイケル・ブルックス（著）、楡井浩一（翻訳）／草思社

PROFILE

笠間リョウ

1973年生，研究所畢業後，進入諮商公司上班。

現在一邊工作一邊在實踐思考實驗的公司進修，也接受網路廣告的諮詢。

對於將棋有相當的造詣。

TITLE

開腦洞！思考訓練題庫

STAFF

出版	瑞昇文化事業股份有限公司
監修	笠間リョウ
譯者	顏雪雪
總編輯	郭湘齡
文字編輯	徐承義　李冠緯　蔣詩綺
美術編輯	孫慧琪
排版	曾兆珩
製版	昇昇興業股份有限公司
印刷	桂林彩色印刷股份有限公司
法律顧問	經兆國際法律事務所　黃沛聲律師
戶名	瑞昇文化事業股份有限公司
劃撥帳號	19598343
地址	新北市中和區景平路464巷2弄1-4號
電話	(02)2945-3191
傳真	(02)2945-3190
網址	www.rising-books.com.tw
Mail	deepblue@rising-books.com.tw
初版日期	2019年2月
定價	280元

國家圖書館出版品預行編目資料

開腦洞!思考訓練題庫 / 笠間リョウ著；
顏雪雪譯. -- 初版. -- 新北市：瑞昇文化,
2019.02
176 面；14.8 X 21 公分
譯自：これは「読む」本ではなく「考える」
本です
ISBN 978-986-401-308-1(平裝)
1.思考
176.4　　　　108000731